چراغِ راہ

”میں نے ہر ٹھوکر کے بدلے اپنا وقارِ پیارا چُن لیا

”سجدے کی خامشی نے دکھایا دعا کا ستارہ“

”شور کے بیچ جو آواز بچی، وہ امید تھی“

چراغ قدم

Adil khan

Published by Adil khan, 2026.

چراغ قدم

First edition. February 12, 2026.

ISBN: 979-8233806445

Written by Adil khan.

فہرست

اُن ہاتھوں کے نام جو خالی تھے مگر دُعا سے بھرے تھے،اُن آنکھوں کے نام جنہوں نے میرا خواب اپنی نیند پر مقدم رکھا،اور اُس رب کے نام—جس نے ہر ٹھوکر کو چراغ بنا دیا

علم کی راہ میں جو تھکن ملی،اسی نے مجھے چلنا سکھایا"

عادل خان

INTRODUCTION :

چراغ قدم ایک ایسے طالبِ علم کی داستان ہے جو جَسمانی کمزوری کے ساتھ بھی خواب کی حرمت نہیں چھوڑتا۔ یہ سفر گلگت کی کچی راہوں سے شروع ہو کر اجنبی شہروں، ہاسٹل کی تنہائی، شور، امتحان اور سجدوں کی روشنی تک جاتا ہے —جہاں ہر ٹھوکر کے ساتھ ایک نیا سبق ملتا ہے: وقار، صبر اور دعا۔

یہ کتاب صرف ایک فرد کی کہانی نہیں؛ یہ اُن سب کے لیے ہے جو کمزور سمجھے جاتے ہیں، مگر اندر سے مضبوط ہوتے ہیں۔

کتابِ قدم

کچی راہوں کی تھکن تھی، پھر بھی میں نے **وقار** میں نے سنبھالا
لوگ ہنستے رہے اکثر، میں نے دل کا **اعتبار** میں نے سنبھالا
سیڑھیوں پر بھی مرے خواب کا اک نور سا رہتا تھا
ٹھوکر نے ہاتھ پکڑا تو میں نے عزمِ **استمرار** میں نے سنبھالا
ایک گم گشتہ کتاب نے دوستی پر گرد لکھ دی
میں نے ندامت کی نمی سے اپنا **کردار** میں نے سنبھالا
"میخِ زنگ آلود نے پاؤں سے کہا: "اب ٹھہر جا
میں نے سجدے میں مگر روشنی کا**دیار** میں نے سنبھالا
جب خواب کی سانس اٹکی، اور وسائل کم پڑے
میں نے صبحوں کی خموشی سے دعا کا **ستار** میں نے سنبھالا
در بند ہوئے تو بھی میں نے دروازہ نہیں توڑا
میں نے خاموشی کی صورت اپنا **انکار** میں نے سنبھالا
اجنبی شہر کی پہلی اذان نے ڈر کو چھوا
میں نے دل کے سفر میں نیا **قرار** میں نے سنبھالا
کھڑکی کے پار دریا تھا، نیچے گہرا سا اندھیرا
میں نے ہر موڑ پہ رب کا ہی **سہارا** میں نے سنبھالا
ہاسٹل کی چھت پہ شور آیا، نیند نے رخ موڑ لیا
میں نے صبر کی روشنی سے اپنی **دیوار** میں نے سنبھالا
بھوک کے بیچ بھی یادِ ماں نے ہمت دے دی
میں نے رشتوں کی دعاؤں کا **بہار** میں نے سنبھالا
جب پہلی صف میں بیٹھا تو نگاہیں رک گئیں مجھ پر
میں نے آنکھوں کے سوالوں میں بھی اپنا **وقار** میں نے سنبھالا
عادلؔ میں مختلف سہی، مگر شکستہ نہیں—یہی سچ ہے
میں نے زخموں کی عبارت میں بھی رب کا **اعتبار** میں نے سنبھال

چراغِ قدم

مدرسے کی سیڑھیوں میں خواب کا کنارا رہ گیا
پاؤں تھک کر بھی اٹھے، دل میں ستارہ رہ گیا
لوگ ہنستے تھے تو لب پر اک تبسّم رہ گیا
مسکراہٹ کے تلے لیکن بہت بیچارا رہ گیا
جسم پر طعنوں کی برساتوں نے کیا کیا نہ کیا
روح کے دامن میں پھر بھی اک شرارہ رہ گیا
ایک استاد کی نگہبانی، ایک دوست کا ساتھ بھی
اُن چھوٹی مہربانیوں میں بڑا سہارا رہ گیا
رات کے سجدوں میں جب بھی دل نے رکھّی التجا
روشنی کا ایک در کھل کر یہی اشارہ رہ گیا
عمر نے سمجھایا: عزّت مانگ کر ملتی نہیں
اپنی حد میں رہ کے جینا خوب نظارہ رہ گیا
جس تعلق میں سکون گھٹتا گیا، میں ہٹ گیا
درد تو ٹھہرا، مگر یہ فیصلہ گوارا رہ گیا
حرفِ آخر یہ کہ خوابوں کی امانت ہے بدن
راستہ بدلا تو کیا، عزم دوبارہ رہ گیا

کچی راہوں کا سبق:

گـاؤں کی کچی راہوں میں میں نے اپنا کنارا چُن لیا
کنکریوں کی ضد کے آگے علم کا سہارا چُن لیا
وہ دس منٹ کی راہ بھی میرے لیے اک عمر ٹھہری
سہیل کی ہتھیلی میں میں نے نرم سا پیارا چُن لیا
دو بھائی استادوں کے لہجے میں ڈانٹ بھی تھی، پاس بھی
میں نے ڈر کی دھڑکنوں میں بھی کوئی اشارہ چُن لیا
چھڑی کی آہٹ سن کے میں نے سبق کو یوں باندھا
حرفوں کی کچی مٹی سے روشن سا ستارہ چُن لیا
دانش کے ساتھ دوڑ نہ پائی، پھر بھی ہارا کب تھا میں
میں نے مقابلے کی آگ میں محنت کا سہارا چُن لیا
"گاؤں کی نیم سرگوشی تھی: "اُس اسکول کیوں نہیں جاتا؟
میں نے ہر ایک بات سے اوپر صبر گوارا چُن لیا
ابو کے لفظ "تو میری سرمایہ" اماں کی شب کی دعا
میں نے اسی چھت کے نیچے رب کا سہارا چُن لیا
عتزاز بھائی کی سختی میں شفقت کی تربیت بھی
میں نے اُس کڑی سی چھاؤں میں خود کو دوبارہ چُن لیا
پانچویں میں نئے ذہن اُترے، دباؤ نے رنگ دکھائے
میں نے بھیڑ میں اپنے حصّے کا روشن ستارہ چُن لیا
اک گم شدہ کتاب نے برسوں کی دوستی پر گرد رکھی
میں نے خامشی کے زخم میں سچ کا شرارہ چُن لیا
میں بول سکتا تھا—نہ بولا—لفظ میرے سامنے آئے
میں نے ندامت کی نمی سے دل کا نظارہ چُن لیا
کھیلوں کے ہفتے میں میدان کی گرد، قہقہے، دوڑیں
میں نے کنارے کی اداسی میں دعا کا ستارہ چُن لیا
کوئی ہنسا میری چال پہ، میں نے بس اتنا ہی کہہ دیا
یہ رب کی مرضی"—میں نے رضا کا کنارا چُن لیا"
یوں ہی نہیں میں خواب کی دہلیز تک پہنچا ہوں آخر
میں نے ہر ٹھوکر کے بدلے اپنا وقارِ پیارا چُن لیا

سنگ و صدا کے بیچ

پانچویں کی فتح کے بعد بھی نہ کوئی دستِ یار، نہ اعتبار — میں چلتا رہا
جہاں داد کم تھی، وہاں عزم تھا بےقرار — میں چلتا رہا
گھر کی آغوش سے نکلا تو سامنے تھی راہِ دشت و غبار — میں چلتا رہا
سات کوس کی دوری میں کانپتا تھا ہر پیچیدہ قدمِ ناتواں، پر وقار — میں چلتا رہا
باپ نے راستے میں اُتارا، آگے دن بھر کا تھا انتظار — میں چلتا رہا
واپسی اپنے ہی سائے کے ساتھ تھی، ایک لمبا سا غبار — میں چلتا رہا
مدرسے میں ہجومِ نظر تھا، ہر آنکھ میں ایک سوالِ آشکار — میں چلتا رہا
کسی کی ہنسی تیر بنی، میں نے اوڑھ لی چپ کی دیوار — میں چلتا رہا
ٹھوکر لگی تو دھول نے میرے زخم پر لکھا اک غمگسار — میں چلتا رہا
میں نے آنسو نہ گرنے دیے، دل نے رکھا ضبط کا اختیار — میں چلتا رہا
شام کو گھر پہنچا تو ماں کی دعا نے دے دیا مجھ کو قرار — میں چلتا رہا
اس کے "ماشاءاللہ" میں چھپا تھا میرے لیے سب سے بڑا سہارا نثار — میں چلتا رہا
پھر لکڑی، پھر پانی، پھر گھاس—یہ گھر بھی تھا میرا کارزار — میں چلتا رہا
کمزور بدن کی رگ رگ میں جاگا اک نرم سا شرارِ نثار — میں چلتا رہا
کلاس میں ایک دوست ملا، جس نے نہ دیکھا مرا کج مدار — میں چلتا رہا
اُس ایک رفاقت کی روشنی میں کھل گیا رستے کا بہت سا غبار — میں چلتا رہا
صحن میں خامشی، سامنے گاڑی—دل میں اک خوابِ خوشگوار — میں چلتا رہا
تکیے لگا کے نشست سنواری، درد کے بیچ بھی رکھا وقار — میں چلتا رہا
انجن کی پہلی آواز میں جاگا میرے اندر اک نیا اعتبار — میں چلتا رہا
ڈر بھی آیا کہ راہ نہ ٹوٹے، میں نے چُن لی حفاظت کی راہ، بےانکار — میں چلتا رہا
کبھی نزدیک تھا حادثہ، تب باپ کے لہجے نے بنایا معیار — میں چلتا رہا
زندگی کھیل نہیں"—اس نصیحت سے میں نے سیکھا اختیارِ وقار — میں چلتا" رہا
اور پھر وہ دن آیا کہ بازار وہی، جس سے ڈرتا تھا بار بار — میں چلتا رہا
میں نہ بدلا، بس میری سمت بدلی—میں اپنی تقدیر کی راہ کا معمار — میں چلتا رہا
عادلؔ اگر پاؤں میں گرہ تھی تو کیا، دل میں تھا رب کا اعتبار — میں چلتا رہا
زخم بھی میرے گواہ بنے، میں نے ہار کے ملبے سے بھی اپنا مزارِ وقار — میں چلتا رہا

میخ، مکتب، اور میں :

آٹھویں کی دھوپ میں جب ہاتھ سعید نے تھاما، میں نے وقار رکھ لیا
تعریف کے چند لمحوں میں بھی میں نے اپنے اندر کا انکسار رکھ لیا
پھر نَویں کی دہلیز پہ جب ہنسی نے رخ بدلا، میں نے خاموشی کی دیوار رکھ لیا
جماعتیں بانٹ دی گئیں، دوستِ واحد جدا ہوا—میں نے صبر کا انتظار رکھ لیا
انگریزی کے بند دریچوں میں معنی کی جستجو کی، میں نے سوالوں کا اختیار رکھ لیا
اک خالی بنچ کے پاس بھی میں نے ہمت کا ہلکا سا حصار رکھ لیا
زنگ آلود میخ نے پاؤں میں آ کے اپنا حکم لکھا، میں نے سجدوں کا اعتبار رکھ لیا
بستر ہی مکتب بنا، چراغ کم تھا مگر میں نے حرفوں کا مدار رکھ لیا
ترجمہ در ترجمہ کے بیچ بھی میں نے سمجھ کی ضد کا معیار رکھ لیا
جب شہر کی سمت ابو نے اپنا سایہ بڑھایا، میں نے امید کا معیار رکھ لیا
گھر بدلا، دیوار بدلی—میں نے دل میں پھر بھی خوابوں کا بہار رکھ لیا
وقت کم تھا، کمرے تنگ تھے—میں نے محنت کا راست اقرار رکھ لیا
ہادی نے یاد رکھا تو فارم کی گرہ کھلی، میں نے شکر کا قرار رکھ لیا
پَروں میں درد تھا پھر بھی پرچوں کے بیچ میں نے اپنا اعتبار رکھ لیا
اور نتیجہ آیا تو آنکھ نم تھی—مگر میں نے کامیابی کا وقار رکھ لیا
اگلے سفر میں وردی بدل گئی، میں نے اپنے لہجے کا وقار رکھ لیا
ہم جماعتوں کے شور میں بھی میں نے نگاہ کے اندر ادب کا حصار رکھ لیا
دور کی راہوں، دیر کی کلاسوں میں بھی میں نے ہمت کا استمرار رکھ لیا
کبھی راستہ نہ بنا تو رخ بدلنا پڑا، میں نے خواب کا معیار رکھ لیا
نیا ادارہ، نئی رفتار—میں نے ہار کا صاف انکار رکھ لیا
پرچی کے ایک سقم نے دل توڑا تو کیا، میں نے رب پر اعتبار رکھ لیا
فہرستِ اوّل سے نام ہٹا تو بھی میں نے بننے کا مدار رکھ لیا
میں ٹوٹ کے بھی نہ بکھرا، میں بدلتا رہا—میں نے اپنے لیے وقار رکھ لیا
عادلؔ یہ زخم بھی گواہ رہیں گے: میں نے ہر حال میں کردار رکھ لیا

خواب کی سائنس :

خواب سانسوں کی طرح تھے، جب ہوا کم پڑ گئی—میں نے **کنارا رب کو پکارا**
لوگ کہتے تھے "یہ آسان ہے"، میں نے پھر بھی **سہارا رب کو پکارا**
گھر میں اوزارِ زمانہ کم، چراغِ کہنہ بہت—میں نے **ستارہ رب کو پکارا**
صبح کی نرم ساعتوں میں حرف چُن چُن کے میں نے **نظارہ رب کو پکارا**
رفتہ رفتہ درس کے در بند، بجلی کی اداسیاں—میں نے **اشارہ رب کو پکارا**
دور کی راہوں کے بیچ بھی دل نے کہا "چل"—میں نے **دوبارہ رب کو پکارا**
کبھی رستے میں وہ درس گاہ ملی، مگر فاصلے سنگ تھے—میں نے **گوارا رب کو پکارا**
قدم تھک جائیں تو کیا، نیت سلامت رہے—میں نے **سہارا رب کو پکارا**
اک امانت سی مشین ملی تو جیسے چراغ جل اٹھا—میں نے **پیارا رب کو پکارا**
چھن گئی تو نہ شکوہ لکھا، خامشی میں نے **گوارا رب کو پکارا**
اندراج کی دہلیز پہ موسم پلٹ گیا بے خبر—میں نے **خسارہ رب کو پکارا**
دل کے کمرے میں جب اندھیرا گھنا ہونے لگا—میں نے **شرارہ رب کو پکارا**
اپنوں کی محبت اپنی جگہ، فہم مگر کم پڑی—میں نے **کنارا رب کو پکارا**
ہاتھ چھوٹیں تو بھی دامنِ دعا نہ چھوٹے—میں نے **ستارہ رب کو پکارا**
دنیا نے رخ پھیرا تو کیا، درِ سجدہ کھلا تھا ابھی—میں نے **نظارہ رب کو پکارا**
عادلؔ میں ٹوٹ کے بھی جُڑا؛ زندگی امانت سمجھ کر—میں نے **سہارا رب کو پکارا**

:

جب در بند ہوا

پرچی میں نام نہ لکھّا گیا، ٹوٹا سا کنارا **اور میں چل پڑا**
محنت کے بعد بھی ہاتھ آیا وہی خسارہ **اور میں چل پڑا**
کچھ دیر کو دل نے کہا: "بس اب" — پھر یاد آیا سہارا **اور میں چل پڑا**
سجدے کی خامشی نے دکھایا دعا کا ستارہ **اور میں چل پڑا**
میں جس کو منزل سمجھتا رہا، وہ راستہ نکلا دوبارہ **اور میں چل پڑا**
اک بند دریچے سے آیا صدا کا اشارہ **اور میں چل پڑا**
گھر کی فصیلوں میں نیت تھی، پر فہم کی راہ میں دھند بہت
میں نے شکوے سے اوپر رکھا ادب کا گوارا **اور میں چل پڑا**
پھر گھر میں ننھی سی ہنسی آئی—ابیہا کے نام کا جگنو
اُس ناتواں سے کندھے نے دکھلا دیا درد کا نظارہ **اور میں چل پڑا**
کلینک کے در پہ لکھا تھا "دستِ حرکت کا علم"—اک نیا ستارہ
میں سوچ میں رہ گیا: کاش بچپن میں ملتا یہ چارہ **اور میں چل پڑا**
کہتے رہے لوگ اسے فنِ لمس، میں نے اسے فنِ شفا جانا
اک غلط فہم کے شہر میں میں نے معنی سنوارا **اور میں چل پڑا**
جو خواب کے در پہ پہرے تھے، اُن سے لڑا نہیں، بس اتنا کیا
اپنے ہی عزم کی دھڑکن سے خود کو پکارا **اور میں چل پڑا**
سرکاری در بند تھے، وقت کم تھا، مگر سالِ نو کا یقین بھی
میں نے تقدیر کے کاغذ پہ خود کو اتارا دوبارہ **اور میں چل پڑا**
تصویر میں محل تھے بہت، پر سچ کی مُہر نے دل کو تھاما
میں نے سندِ معتبر کو سمجھا رب کا سہارا **اور میں چل پڑا**
نصف وظیفہ سا ہاتھ آیا تو میں نے اسے کرم سمجھا
ضرورت کے بیچ بھی میں نے رکھّا وقار پیارا **اور میں چل پڑا**
پہاڑ کی برف سے لے کے شہر کی دھول تک اک ہی وعدہ تھا
میں نے قدم کے دکھ میں بھی خواب نہ ہارا **اور میں چل پڑا**
اب نامِ منزل بدل بھی گیا تو مقصد نہیں بدلا، اے دنیا
میں نے "شفا" کے سفر کو سمجھا میرا نظارہ **اور میں چل پڑا**
عادلؔ اگر ایک در بند ہوا تو یہ بھی تو رب کی حکمت تھی
میں نے شکست کے ملبے سے امید کا ستارہ **اور میں چل پڑا**

اجنبی شہر کی پہلی اذان

نومینیشن کی خبر آئی تو خوابوں نے نیا پر کھولا
میں نے دل کی ہچکچاہٹ پر بھی رکھا **اعتبار**
"کہا: "کلاسیں پہلے ہی شروع ہیں، دیر نہ کرنا، آج ہی آؤ
میں نے وقت کے شور میں سن لی اپنی راہ کی پکار، **قرار**
پھر وردی کا ذکر آیا تو یاد آیا وہ پرانا زخم
میں نے نرمی سے کہا: "آسودگی بھی ہے مددگار" — **وقار**
سندِ معذوری بھیجی تو در کھلا، قاعدہ نرم ہوا
یوں اپنی بات کی عزت میں نے رکھی، بلا **انکار**
اصل ہتھیار مگر وردی نہیں تھی—گھر سے جدا ہونا تھا
میں نے پہلی بار تنہائی کو دیکھا بےنقاب، اک **دیوار**
نیند جب روٹھ گئی، سر میں دھواں سا بھرنے لگتا تھا
میں نے تہجّد کے چراغوں سے مانگا ذرا سا **قرار**
گھر والوں سے نہ کہا درد کی سچّی خبرِ شب بیداری
لب ہنسے، دل نے اٹھایا اپنا پُرانا سا **بار**
راستوں پر ہنگامہ تھا، شہر کی راہیں بند پڑی تھیں
میں نے صبر کے نقشِ قدم میں لکھا اپنا **انتظار**
ابو نے سردی کے لیے کوٹ سمیٹا، سامان باندھا خاموشی سے
میں نے اُس ہاتھ کی حرمت میں رکھا دل کا **اختیار**
امّی کی آنکھ میں دریا تھا، لب پر پھر بھی دعا کی ہنسی
میں نے اُس اشک کی عظمت کو سمجھا اپنا **وقار**
میں نے کہا: "چھٹّی میں لوٹ آؤں گا"—اور مسکرایا
مگر اندر ہی اندر کر لیا خود سے ایک **اقرار**
ہاسٹل کی روٹی اجنبی تھی، ماں کے ہاتھ کی خوشبو نہ تھی
میں نے شکر کے لفظوں میں ڈھونڈا پھر بھی **دیار**
کپڑے خود دھوئے، اپنے ہی کاموں کا میں نے ہنر سیکھا
میں نے محتاجی کے خوف سے پہلے اپنا **اختیار**
جو لوگ ہنسیں تو میں نے شور سے بدلہ نہ لیا کبھی
میں نے خاموش قدموں میں رکھ لیا اپنا **وقار**
عادلؔ "مختلف" ہونا شکست نہیں، یہ رب کی ایک صورت ہے
میں نے اس سچ کی روشنی میں پایا نیا **اعتبار**

کھڑکی کے پار دریا :

میں کھڑکی کے پاس بیٹھا تھا، دل میں لرزاں سا کنارا—**میں نے دعا کی**
سفر نے حوصلہ مانگا تو میں نے رب کا سہارا—**میں نے دعا کی**
چلاس کی مغرب میں تھکی سانس نے پایا اک سہارا—**میں نے دعا کی**
اور رات کے موڑ پہ جاگا ہوا ڈر تھا دوبارہ—**میں نے دعا کی**
نیچے وہ نیلا سا دریا، کناروں پر اندھیرا نظارہ—**میں نے دعا کی**
ہر پیچ پہ قصّوں کی صدا، ہر سنگ پہ سایہ اشارہ—**میں نے دعا کی**
جب نقشہ بھی گم سا ہوا، یقین بن گیا میرا ستارہ—**میں نے دعا کی**
جہاں راستہ ٹوٹتا لگتا تھا، وہیں دل نے کہا: دوبارہ—**میں نے دعا کی**
منسہرہ کی سحر میں اذانیں تھیں، دل کو ملا کچھ سہارا—**میں نے دعا کی**
پھر راولپنڈی کی عمارتوں میں بھی اپنا سا کنارا—**میں نے دعا کی**
ٹیکسی کے شور میں نامکمل پتے، لب پر سوال دوبارہ—**میں نے دعا کی**
ادھر سے چلو"—کسی نے کہا—دل نے مانا وہ اشارہ—**میں نے دعا کی**"
درِ ادارہ پہ پہنچا تو تصویروں کا سا ٹوٹا نظارہ—**میں نے دعا کی**
مگر سند کی مہر نے دل میں جگایا نیا ستارہ—**میں نے دعا کی**
جو کمی رہ گئی خواب میں، میں نے اسے کر لیا گوارا—**میں نے دعا کی**
کہ ناموں سے نہیں بنتی راہیں، بنتا ہے عشقِ کار و چارہ—**میں نے دعا کی**
ہاسٹل کی راہوں میں اجنبیت، دل میں گھر کا خسارہ—**میں نے دعا کی**
میں نے شور سے دل نہ توڑا، خامشی کو جانا پیارا—**میں نے دعا کی**
ابو کے ساتھ وہ دو دن—شہر بھی ہنسا، وقت بھی پیارا—**میں نے دعا کی**
ہر موڑ پہ اُن کی ہنسی میں ملتا تھا دل کو سہارا—**میں نے دعا کی**
پھر پیر کی صبح تھی، کھیلوں کا ہنگامہ، کلاسوں کا نظارہ—**میں نے دعا کی**
اور دل کے اندر بس ایک صدا: "بنا لے خود کو دوبارہ"—**میں نے دعا کی**
جب رخصت کی گھڑی آئی تو آنکھ نے چھپایا اک شرارہ—**میں نے دعا کی**
میں مسکرایا—کہ نہ ٹوٹے اُن کا دل—یہی تھا میرا سہارا—**میں نے دعا کی**
اک لمحہ وہ مُڑ کے دیکھتے رہے، میں بھی رہا بےبس دوبارہ—**میں نے دعا کی**
عادلؔ میں "مختلف" سہی—مگر میں شکستہ نہیں—یہی اقرار، **میں نے دعا کی**

فاصلے کا مکتب :

گھر کی دہلیز سے نکلتے ہی میں نے نیند کو **بیگانہ** میں نے مانا
ماں کے ہاتھ کے نوالے کو دل کی دوا کا **ترانہ** میں نے مانا
راستے لمبے تھے، شیشوں میں شہر کا رنگ نیا تھا
نقشہ دھندلا ہو تو میں نے یقین کو **ستارہ** نہیں—بس **آستانہ** میں نے مانا
بنی گالا کے سبز میدان میں جب میں اترا تو یوں لگا
نگاہوں کے شور میں خود کو پل بھر کو **نشانہ** میں نے مانا
کھیلوں کے بیچ میں بیٹھا رہا—دوڑ نہ تھی، بس دیکھنا تھا
قدم کی بے آہٹ میں میں نے صبر کا **بہانہ** میں نے مانا
کسی شناسا نے نام لکھا رفاقت کی فہرست میں آہستہ
اسی ایک لفظِ سلام کو میں نے عجب سا **یارانہ** میں نے مانا
ہنسی کہیں میری طرف تھی، کہیں اپنے ہی قصّوں کی طرف
میں نے ہر تیغِ نظر کے جواب میں خامشی کا **فسانہ** میں نے مانا
پھر ایک لمحۂ تیزی میں ہاتھ کی لغزش بھی ہو گئی
اُسی پل اپنی ہی ذات کا میں نے سب سے بڑا **دیوانہ** میں نے مانا
گھر لوٹا تو دل نے سجدے میں آنکھوں سے لکھا اقرار
کسی دل کو نہ دکھاؤں گا"—یہ عہدِ ندامت کا **خزانہ** میں نے مانا"
اگلے ہی دن تہذیب کے میلے میں رنگ بہت تھے، لوگ بہت
میں نے اپنی تنہائی کے بیچ بھی امید کا **زمانہ** میں نے مانا
ہاسٹل کی راتوں میں برتن کی کھنک، دروازوں کی چاپ
میں نے خود کو سنبھال کے جینا ہی اپنا **گھرانہ** میں نے مانا
کبھی جی چاہا کہ ابو کے ساتھ لوٹ جاؤں اسی ساعت
مگر مقصد کی پکار کو میں نے رب کا **آستانہ** میں نے مانا
میں جانتا تھا: دوری دوا نہیں، مگر تربیت ضرور ہے
اسی فاصلے کی سختی کو میں نے اپنا **ترانہ** میں نے مانا
کل جب سفید کوٹ کا خواب حقیقت کے پاس آئے گا
میں نے ہر زخم کی مہر کو بھی راستے کا **خزانہ** میں نے مانا
عادلؔ "مختلف" ہونا کمی نہیں—یہ رب کی عطا کی صورت ہے
میں نے اپنے ہونے کو، اپنے رب کے کرم کا **یارانہ** میں نے مانا

پہلی صف کی خامشی :

جو صبحِ یونیورسٹی میں نے سوچ رکھی تھی، وہ صبح نہ آئی—رہنمائی میں
نے بنائی
آدھے شناسا، آدھے اجنبی در پر میں نے اپنی خودآشنائی میں نے بنائی
کمرہ ملا تو دیواروں میں بھی اجنبیت کی پرچھائی میں نے بنائی
پہاڑ کے لہجے والے ہم سفر سے ذرا سی آشنائی میں نے بنائی
دو ساعت کی نیند کے ٹکڑوں سے میں نے سجدوں کی تنہائی میں نے بنائی
گھر کی گھڑی ٹوٹے تو بھی میں نے دل کے اندر شکیبائی میں نے بنائی
دیر سے آیا ہوا طالبِ علم تھا، میں نے حرفوں کی روشنائی میں نے بنائی
ایک فون کو میں نے وقت کا چراغ کیا، علم کی رہنمائی میں نے بنائی
ہاسٹل سے درسگاہ تک میں نے قدموں کی تھکی تھکی گہرائی میں نے بنائی
پہلی صف کی خامشی میں میں نے امید کی ہلکی رعنائی میں نے بنائی
وردی کے ہجوم میں بے وردی رہ کر بھی میں نے صبر کی خاموش کمائی میں
نے بنائی
لب بند رکھے، دل کو سنبھالا—میں نے اپنے نفس کی رہائی میں نے بنائی
دوپہر کے بے رنگ نوالے میں میں نے ماں کی خوشبو کی پرچھائی میں نے
بنائی
عادلؔ خوف کے کنارے پر بھی میں نے دعا سے اپنی آشنائی میں نے بنائی

شور کی چھت، صبر کی روشنی :

کمرے میں قہقہوں کی ہوا تھی، میں نے نیند کا کنارا
میں نے صبر کیا —
اجنبی روٹی کی بو میں، میں نے یادِ ماں کو پکار
ا — **میں نے صبر کیا**
میں دو قدم پہ "گھر" کو ڈھونڈتا تھا، یہ جگہ تھی بے کنارا
میں نے صبر کیا
— شور کے بیچ میں دل نے، اپنا تسبیحی سہارا
میں نے صبر کیا
— مزاح اگر حدیں توڑے تو زخم بن جاتا ہے نظارہ
میں نے صبر کیا
— میں نے لہجے کی حفاظت میں، سکوت اپنا گوارا
میں نے صبر کیا
— دو تین ساعت کی نیند بھی جب قرض بن کے پلٹی دوبارہ
میں نے صبر کیا
— سجدہ آیا تو میں نے، ٹوٹتی سانسوں کو سنوارا
میں نے صبر کیا
— کتاب کھولی تو پرانے دنوں کا لوٹ آیا خسارہ
میں نے صبر کیا
— "حرف ڈرے تو میں نے بھی، دل کو کہا: "چلو دوبارہ
میں نے صبر کیا
کچھ لوگ ناموں سے بنتے نہیں، کردار سے بنتا ہے ستارہ — **میں نے صبر کیا**
— میں نے ہر رنگِ لہجے میں، آدمی کو پہچانا
میں نے صبر کیا
— طیّب سا ایک ہم سفر ملا تو رات ذرا کم ہوئی آوارہ
میں نے صبر کیا
— دوستی کی ہلکی سی دھوپ نے، تھکا دل کچھ سنوارا
میں نے صبر کیا
— پھر مرسلین کی آمد سے، وطن کی بولی نے دیا اشارہ
میں نے صبر کیا
— ہم ساتھ چلتے تو یوں لگتا، جیسے کمرہ بھی بنے سہارا
میں نے صبر کیا

پر جب امتحان آیا تو میں تھا جسم میں حاضر، ذہن میں بیچارا — **میں نے صبر کیا**
— اک رات کے پرچے نے بتایا، بے نیند دل کا کیا نظارہ
میں نے صبر کیا
— میں نے فریاد و شکایت کو، درِ آدم پہ نہ اتارا
میں نے صبر کیا
میں نے بس رب سے کہا: "اے رب، میرے اندر روشنی اتارا" — **میں نے صبر کیا**
جب ہاسٹل کی دیواروں نے بھی، نہ سنی بات ہماری دوبارہ — **میں نے صبر کیا**
— ہم نے کرائے کی چھت میں، اپنی خاموشی کو ڈھالا سہارا
میں نے صبر کیا
میں کامل نہ تھا، تلخی بھی آئی، میں نے خود کو بھی پکارا — **میں نے صبر کیا**
جس دل کو مجھ سے ٹھیس لگی ہو، میں نے اس سے معذرت سنوارا — **میں نے صبر کیا**
— عادلؔ شور کے بیچ جو آواز بچی، وہ دعا کا ستارہ
میں نے صبر کیا
— نیند لوٹے نہ لوٹے، میں نے امید کا تقاضا نبھایا
میں نے صبر کیا

سیکشن غزل

عنوان: عکس کا فسانہ

ی ہ دل جو عکس کے پیچھے گیا، اسے دیوانہ رہنے دو
نہ چھیڑو آج اس قصّے کو، بس اک بہانہ رہنے دو
میں حرفِ شکر کے معنی بھی ٹھیک سے جانتا کب تھا
تمہاری ایک سی نرمی سے دل کا فسانہ رہنے دو
سلسلہ روز کے عکسوں کا مجھے باندھ گیا چپکے
میں ٹوٹ کر بھی جڑوں، یہ پرانا یارانہ رہنے دو
کسی نے جسم کے پیمانے سے مجھے کم تر سمجھا تھا
مگر رب نے جو لکھ دی عزّت، وہی پیمانہ رہنے دو
جو دیر سے جواب آئے تو میں نے دل کو یوں سمجھایا
ہنر ہے ضبط بھی آخر، یہی تو بہانہ رہنے دو
میں خواب کے مسافر ہوں، مجھے خوابوں کی راہ دینی ہے
محبت اگر بھٹکائے تو اس کو بیگانہ رہنے دو
سحر میں جب دعا اتری تو دل نے سر جھکا کر کہا
اگر یہ خیر نہیں، اس کو درِ آستانہ رہنے دو
زمانہ بات بناتا ہے، پھر خود ہی شور کرتا ہے
میں اپنا سچ سنبھالوں گا—اُنھیں زمانہ رہنے دو
میں چاہ کر بھی نفرت کی کوئی صورت نہ بنا پایا
یہ دل ہے، دل ہی سمجھے گا—یہی نشانہ رہنے دو
عادلؔ اگر محبت سے سکون جائے تو جان لینا
جہاں سکون نہ بچے، وہ کیسا خزانہ رہنے دو

عنوان: وقارِ دل

عنوان: وقارِ دل

میں جس کو کھیل سمجھتا رہا، وہی سہارا ہو گیا
ہنسی ہنسی میں جو ٹالا تھا، درد سارا ہو گیا
گھر سے جدا ہوا تو مجھے اپنی ذات تک پہنچا
میں اپنے آپ سے ٹکرا کے خود کو نکھارا ہو گیا
یہ شہرِ بےرُخی بھی مجھے کب قبول تھا پہلے
مگر اسی کی گلیوں میں دل کو کنارا ہو گیا
فاصلے بڑھ کے بھی کم کر گئے بہت سی گرہیں
تیرا احساس مرے اندر ہی اک ستارہ ہو گیا
میں شعر و عشق کی باتیں سمجھ نہ پاتا تھا زمانے میں
کسی کی خامشی سن کر یہی دل کا اشارہ ہو گیا
نہ نام پوچھا، نہ چہرہ دیکھا، نہ گفتگو میں طوالت تھی
بس ایک لمحۂ نظر میں ربط دوبارہ ہو گیا
کبھی حجابِ انا تھا، کبھی حصارِ زمانہ
مگر اسی پردۂ بےنام میں درِ چارہ ہو گیا
میں بوجھ ٹھہرا تھا لوگوں کے ناپ تول کے پیمانوں میں
پر رب کی مہربانی سے سب کچھ گوارا ہو گیا
کسی نے میرے بدن کو ہی میرے ظرف کا معیار جانا
جہاں وقار رب نے لکھا، وہ حرف ستارہ ہو گیا
محبت اپنی جگہ پر رہی، مگر راہ نہ پائی
اسی لیے ہر خوشی کے بیچ غم نظارہ ہو گیا
عادلؔ میں اپنے خواب کی محراب میں جھکا جب ذرا
مرے شکستہ سمندر کو ایک کنارا ہو گی

عنوان: شہرِ عکس

ایک آئینۂ رنگیں میں مرا عکس سنوارا ہو گیا
اس کی اک نرم سی ہنسی سے دل بھی پیارا ہو گیا
میں سمجھتا تھا فقط کھیل ہے یہ شہرِ شبیہ و خبر
کچھ ہی لمحوں میں مگر دل کا کنارا ہو گیا
میں نے اک حرف کو انجانے میں سینے سے لگا رکھا تھا
تم نے پوچھا تو وہ چھپا راز آشکارا ہو گیا
میں نے پوچھا تھا تمہیں معنی کسی حرفِ مختصر کا
ایک لمحے میں مرا جَہل بھی سہارا ہو گیا
روز تصویروں کے تبادلے سے اک دھاگا سا بندھا دل میں
دیکھتے دیکھتے یہ ربط بھی دوبارہ ہو گیا
لوگ قامت کو ہی میزانِ محبت سمجھیں، کیا معلوم
تم نے بے وزن بھی رکھا تو میں ستارہ ہو گیا
اک سوالِ سبق نے مجھے محفل میں شرمندہ کیا بہت
پھر بھی آنکھوں میں رہے خواب، دل بیچارا ہو گیا
میں نے سجدے میں کہا: یا رب اگر اس میں ضرر ہے
اس خیالِ خوشِ بے نام کو تو ہی گوارا ہو گیا
ایک طرفہ سی تمازت تھی، دھواں تک بھی نہ دیکھا میں نے
جل کے خاموش رہا دل، یہ خسارہ ہو گیا
جن کے لہجوں میں ترس تھا، انہوں نے بوجھ سمجھا مجھے
تم نے بس نام لیا تو میں دوبارہ ہو گیا
عادلؔ اس شہرِ عکس میں بھی وقار اپنا بچا رکھنا
فلٹر بہت تھے زمانے میں، مگر دل ہی نظارہ ہو گی

عنوان: دیوارِ سکوت

ایک آئینۂ جیب نے دل کو دوبارہ کر دیا
ایک اجنبی سی نرمی نے دل کا کنارا کر دیا
میں جو ہنستا تھا محبت پر، وہ ہنسی لوٹ آئی
رات نے رو رو کے آنکھوں کو ستارہ کر دیا
سحر کی دہلیز پر جب ہاتھ اٹھے التجا میں
میں نے ٹوٹے ہوئے دل کو بھی سہارا کر دیا
وہ کہتی تھی یہ مصروفیّت ہے، کچھ اور نہیں
میں نے ہر انتظار کو آخر خسارہ کر دیا
دل نے چاہا کہ وہ رُک جائے فقط میری طرف
میں نے خود اپنے ہی جذبوں کو بیچارا کر دیا
نہ کہا ہاں، نہ کہا ناں، بس پلٹ کر مسکرائی
اُس ادھوری سی ادا نے اک اشارہ کر دیا
جب "بلاک" کی سرد دیواروں نے باتوں کو سمیٹا
میں نے اِس دردِ حقیقت کو گوارا کر دیا
میں نے مٹّا دیں وہ کھڑکیاں جن سے زخم جاگتے تھے
اپنی تنہائی کو بھی آخر نظارہ کر دیا
لوگ پیمانے بدلتے ہیں بدن دیکھ کے اکثر
رب نے دل کی حرمتوں کو استعارہ کر دیا
عادلؔ میں نے حدیں رکھ لیں تو نیند آئی سحر تک
اپنی عزّت نے مری روح کو سہارا کر دیا

عنوان: پیغامِ دل

بدن اگر ہے نحیف تو بھی دل کی رسم کم نہیں
اس شکستہ سی صدا میں بھی مرا پیغام کم نہیں
قدم ذرا سے رُکے ہوں تو کیا، ارماں رواں رہے
دل کی نیت کو پرکھو تو فقط انجام کم نہیں
وہ لوگ جسم کو تولیں، میں حرفِ دل کو جانوں
خدا کے ہاں تو محبت کی کوئی رقم نہیں
دیارِ درس کی تنہائی نے سکھائے کئی سبق
مقصد سے ہٹ کے چلنا بھی مرے حق میں قدم نہیں
یہ ایک طرفہ تمازت، یہ بے صدا سا دھواں
جلا تو دل سہی، لیکن یہ آخری غم نہیں
خموشیوں کی دیواریں، حدیں، فاصلوں کے نام
سکون چھن جائے جس میں، وہ رشتہ محترم نہیں
جو ماں دوا میں اُلجھے، اسے کون یہ بتائے
محض مریض سمجھ لینا بھی اولاد پر کرم نہیں
میں اپنی دھڑکنوں پر کب کسی سے عذر چاہوں
محبت آ کے ٹھہر جائے تو اس میں شرم نہیں
اگر نصیب نے روکا تو میں نے سجدہ کر لیا
جو رب کی سمت لے جائے، وہ زخم بھی ستم نہیں
عادلؔ یہ دل اگر ٹوٹا تو بھی امید سلامت ہے
دعا کی چھاؤں میں رہتا ہے، کوئی موسم کم نہیں

عنوان: دیوارِ سکوت سے آگے

ہزار سیڑھیاں تھیں، میں نے پھر بھی ایک کنارا چن لیا
ترس کی دھوپ سے بہتر، میں نے وقار کا سہارا چن لیا
نیم شب کے سجدوں میں جب خیالوں کا ہجوم آیا
میں نے اشکوں کی زبانوں سے دعا کا ستارہ چن لیا
کتابِ عمر کے صفحے پہ وقت نے لکھ دیے امتحاں
میں نے ہر طعنۂ دنیا سے وقار کا سہارا چن لیا
کسی کے ترس نے توڑا، کسی کے عدل نے جوڑا مجھے
جہاں برابری ملتی تھی، میں نے وہی کنارا چن لیا
محبت ایک طرفہ تھی، مگر سچ کی طرح روشن
میں نے اس آگ سے بچنے کو خموشی کا اشارہ چن لیا
نہ ضد میں دل کو رکھ چھوڑا، نہ در پر خود کو بکھرایا
جو حد مجھے بچا لے، میں نے وہ فاصلہ گوارا چن لیا
کسی کے نام کی لذت نے میری میزِ عمل ہلا دی
میں نے پھر اپنے ہی خوابوں کا مقدس سا نظارہ چن لیا
عجب ہیں شہرِ نظر کی روشنی، پل بھر میں دل الجھتا ہے
میں نے نگاہوں کے در پر ادب کا پہرہ دوبارہ چن لیا
جو ماں دوا کی فہرست میں میرے خواب گماتی تھی
میں نے اس کے یقین کی خاطر امید کا کنارا چن لیا
وہ استاد جو برابر بٹھائے، سنے، سمجھائے مجھے
اسی نگاہِ محبت نے مرا کل کا ستارہ چن لیا
جہاں بدن کو معیار بنیں، وہاں دل کہاں بچیں آخر
میں نے دل کی حرمتوں میں رب کا ہی سہارا چن لیا
عادلؔ اگر گرا بھی تو یہ حوصلہ مرا گواہ
میں نے شکست کے ملبے سے اپنی راہ دوبارہ چن لیا

مرثيۀ اعتبار

لہجے کی نرمی میں چھپا تھا ریا کا غبار **سہ گیا**
میں پھر بھی اس تعلق میں اپنا اعتبار **سہ گیا**
وہ ساتھ تھا تو دھوپ بھی لگتی تھی سایہ دار
وہ دور کیا ہوا، مرا سارا قرار **سہ گیا**
میں نے جو پوچھا تو ہنسی نے بدل لی گفتگو
سچ کے لبادے میں چھپا جھوٹ کا وقار **سہ گیا**
کہا کہ "کوئی نہیں" مگر آنکھوں کی داستاں
کسی اور سمت کھل گیا دل کا اسرار **سہ گیا**
دو چہرے، ایک ہی قصہ—مگر نیتیں جدا جدا
ایک نے "اپنا" کہہ دیا، دوسرا عیار **سہ گیا**
قریب تھے جو لوگ، وہی تماشہ دیکھتے رہے
میں ٹوٹتا رہا مگر بن کے سوگوار **سہ گیا**
اس نے دریچے بند کیے، میں نے صدا نہ دی
لفظوں کی پاسبانی میں خود نگہدار **سہ گیا**
یہاں خلوص بھی قیمت پہ آ کے بکنے لگا
میں اپنی سادگی میں خود ہی خریدار **سہ گیا**
زمانہ کہتا رہا "بول"—میں نے کہا نہیں
اپنی انا کے ہاتھوں میں میں بھی گرفتار **سہ گیا**
پھر شہر بھر میں میرے سکوت کا ذکر ہو گیا
میں اپنی ہی کہانی کا اک کردار **سہ گیا**
رابطے دھند میں گم، نام بھی اجنبی ہوئے
اک نام کے سبب میں ہر نام سے بیزار **سہ گیا**
(مقطع)
جفا کشؔ دل نے کہا تھا کہ اب کچھ بھی نہ سہنا پھر
مگر وہ زخم جو اپنوں نے دیے، آزار **سہ گ**

وہ جس کو دل نے دعاؤں میں بار بار رکھا
نہ جانے کس نے اُسے سنگِ بے مروّت سے مار رکھا
کسی کے لہجے نے زہر، کسی کی ہنسی نے غبار رکھا
ہمیں تو اپنے ہی ہاتھوں نے اپنے ہی گھر کو داغدار رکھا
یہ میّتِ صدق و صفا آج کس کے در پر پڑی؟
اے دل، یہی تو تھا کل تک تیرا **اعتبار**
وہ چھوٹے چھوٹے اشاروں سے رشتہ بنتا رہا
کبھی خبر نہ ہوئی، دل کہاں کہاں تک سُلگتا رہا
وہ ایک لفظ "میں ہوں" تھا، تو سارا جہاں سا لگتا رہا
پھر ایک دن اسی لفظ سے کوئی اور مطلب نکلتا رہا
ہم نے تو حرفِ وفا پر قَسمیں بھی رکھ دی تھیں
مگر قَسموں نے بھی آخر توڑ دیا **اعتبار**
"کبھی سکوت نے سمجھایا، "رک جاؤ، کچھ نہ کہو
"کبھی ضمیر نے جھنجھوڑا، "یہ کھیل ہے، سہہ نہ لو
میں اپنے آپ سے ہارا، میں اپنی بات سے ٹوٹا
وہ سامنے تھا مگر جیسے آئینہ بن کے بھی جھوٹا
جہاں دلیل تھی، وہاں بھی سوال تنہا کھڑا رہ گیا
اور جوابوں نے بھی کر ڈالا خنجر **اعتبار**
پھر شہر نے سنی سنائی باتوں کو سچ کر لیا
کسی نے زخم دکھایا، کسی نے نمک جلا دیا
میں اپنی سادگی لے کر ہجوم میں رہ گیا
ہر ایک کے ہاتھ میں میرا ہی نام رہ گیا
وہ لوگ جو قریب تھے، وہی گواہ بھی بن بیٹھے
اور گواہی نے بھی کر ڈالا خاکستر **اعتبار**
کفن بُنا تھا میں نے اپنے خواب کے دھاگوں سے
یہ سوچ کر کہ بچا لوں گا رشتہ آہوں سے
مگر یہاں تو تعلق بھی نفع میں تولتے ہیں
یہاں تو چہرے بھی مطلب کے ساتھ بولتے ہیں
سو اب میں اپنے ہی دل کو یہی نصیحت کرتا ہوں
نہ رکھ کسی کے سرہانے یوں بے خبر **اعتبار**
چلو دفن کریں اسے، مگر ایک دعا یہ بھی رہے
کہ ائندہ جو بھی ملے، وہ وفا شناس بھی رہے

نہ حرف میں کوئی دو رُخ، نہ نظر میں کوئی سوال
نہ پیار سودا بنے، نہ یقین ہو پامال
یہی مرثیہ ہے —کہ جیتے جی مر گئے کچھ لوگ
اور اُن کے ہاتھوں بھی مر گیا **اعتبا**

اختتام: چراغِ قدم •

چراغِ قدم کی لو سے میں نے سفر کا **چارا چن لیا**
کتابِ قدم کے صفحوں سے میں نے رب کا **سہارا چن لیا**
ہنسی کے نشتر بہت تھے، نگاہوں میں بھی تھا تمسخر
میں ٹوٹ کے بھی نہ بکھرا، میں نے اپنا **کنارا چن لیا**
میخِ زنگ آلود نے جب پاؤں کو اپنی ضد میں جکڑا
میں نے سجدے کی نمی سے دعا کا **ستارہ چن لیا**
وسائل کم تھے، ارادوں پہ موسم کی سختی بھی چھائی
میں نے خاموشی کے باطن سے ہمت **دوبارہ چن لیا**
درِ وقت بند ہوئے تو میں نے دستک کو شور نہ ہونے دیا
میں نے اپنی آبرو کی حفاظت میں یہ **گوارا چن لیا**
اجنبی شہر کی پہلی ہوا نے دل میں اندیشے اتارے
میں نے ماں کی دعا کی خوشبو سے نیا **سہارا چن لیا**
کبھی دوستوں کی صف میں بھی تنہائی نے آ گھیرے رکھا
میں نے اپنے ہی یقین کے لیے ایک **نظارہ چن لیا**
عکس کے شہر میں دل کو بہت رنگ دکھائے گئے لیکن
میں نے حد رکھ کے محبت میں بھی اک **اشارہ چن لیا**
جہاں جسم کو معیار بنایا گیا، بات کو کاٹا گیا اکثر
میں نے رب کی نگاہِ کرم سے وقار کا **پیمانہ چن لیا**
شکستوں کے بعد بھی میں نے ہار کو حرف نہ بننے دیا
میں نے ملبے سے اُٹھا کر نئی راہ کا **چارا چن لیا**
(مقطع)
عادلؔ یہ قصّہ صرف تھکن کا نہیں—یہ سیکھ کا نام ہے
میں نے ہر زخم کی تحریر میں بھی رب کا **ستارہ چن لیا**

About the Author

Adil Khan, a student of Doctor of Physiotherapy from Gilgit, was born with a disability but never gave up on life. His story is about turning pain into strength and struggle into hope. Through Crippled Healer, he inspires others to believe that even broken paths can lead to healing.

About the Publisher

www.ingramcontent.com/pod-product-compliance
Lightning Source LLC
LaVergne TN
LVHW050953051026
849532LV00005B/1817
9798233806445